Aos Filhos, o legado da Felicidade

Marcelo Leão

Aos Filhos, o legado da Felicidade

TALENTOS DA LITERATURA BRASILEIRA

SÃO PAULO, 2019

Aos filhos, o legado da felicidade
Copyright © 2019 by Marcelo Leão
Copyright © 2019 by Novo Século Editora Ltda.

COORDENAÇÃO EDITORIAL: SSegovia Editorial
PREPARAÇÃO: Tássia Carvalho
DIAGRAMAÇÃO: Rebeca Lacerda
REVISÃO: Bel Ribeiro
Silvia Segóvia
CAPA: Dimitry Uziel

AQUISIÇÕES
Cleber Vasconcelos

Texto de acordo com as normas do Novo Acordo Ortográfico da Língua Portuguesa (1990), em vigor desde 1º de janeiro de 2009.

Dados Internacionais de Catalogação na Publicação (CIP)
Angélica Ilacqua CRB-8/7057

Leão, Marcelo
  Aos filhos, o legado da felicidade / Marcelo Leão. --
Barueri, SP : Novo Século Editora, 2019.
(Coleção Talentos da Literatura Brasileira)

1. Autoajuda 2. Felicidade 3. Mensagens I. Título

19-1285   CDD-158-1

Índice para catálogo sistemático:
1. Autoajuda   158.1

Alameda Araguaia, 2190 – Bloco A – 11º andar – Conjunto 1111
CEP 06455-000 – Alphaville Industrial, Barueri – SP – Brasil
Tel.: (11) 3699-7107 | Fax: (11) 3699-7323
www.gruponovoseculo.com.br | atendimento@novoseculo.com.br

Agradeço incondicionalmente a Deus a vida e a esperança, todos os momentos desta singular jornada, a família e, em especial, os mais belos e alegres presentes que alguém poderia receber, Paula, amada esposa e mãe, Gabriel, Mateus e Samuel, filhos tão amados. Sinto-me profundamente grato pela oportunidade de viver tudo isso.

Prólogo

Na vida, sob estranho e feliz encaixe, fui presenteado com situações diversas, e entre adversidades arquitetou-se esta história em tempo mais que oportuno. Sempre à frente do horizonte colhi acontecimentos inesperados diante da firme compreensão da necessidade dos fatos desenrolados, e hoje, agradecido pelas experimentações, vivaz, seguro e feliz, constrói-se maturidade singular, de órfão da desesperança, adotado pelas escolas da política, medicina e doutrina do evangelho, caminheiro das situações, da dor à alegria, eis que se perfaz a personalidade para o mundo real, e assim, grato, a esperança ressurge da paternidade em meio a três viventes destinos, não carentes de virtuosa mãe, esposo realizado como médico e palestrante, e ainda muito mais do que a vida desejar.

Sumário

Conceituação | 11
Opinião | 14
Preconceito | 15
Bom-senso | 16
Vingança | 17
Tempo | 19
Pessoa de bem e pessoa do bem | 22
Religião | 25
Trabalho e hierarquia | 27
Crítica | 29
Simplificar | 31
Coragem | 32
Discernimento | 33
Injustiça e vitimização | 35
Respeito | 36
Dinheiro | 37
O forte e o fraco | 39
Tolerância | 42
Vitória e derrota | 43
Atividades | 44
Pressa | 45
Escolhas | 46
Violência | 47
Convivência | 51
Humildade | 52

Em sociedade | 54
Viver é fácil | 56
Ação | 58
Felicidade opcional, ser ou estar | 59
Ambiente emocional | 62
Trabalho, saúde e vida | 63
A difícil tarefa de agradar | 65
Injustiça e ingratidão andam juntas | 66
O mal | 68
Prevenção | 69
Passado e presente | 75
Gratidão e conivência | 77
Arrogância | 78
Estresse | 80
O espelho | 83
Vícios | 85
Oportunidade | 87
Caridade | 89
Família | 90

Conceituação

O conceito de felicidade transforma-se de acordo com o tempo e o lugar, sofre influências culturais, religiosas e de fatores contemporâneos que também são capazes de intervir.

Primeiro é importante compreender que aquilo que talvez seja capaz de fazer alguém feliz não o seja para outra pessoa, o que é absolutamente normal. À medida que se progride os conceitos de felicidade estão sujeitos a transformação, tanto no aspecto individual quanto no coletivo, das escolhas e atitudes perceptíveis a partir de uma análise geral dos costumes, conjuntos de regras e leis de uma sociedade.

O ser humano está sujeito às inovações independentemente da época, e nesse sentido, à medida que "assalta" uma causa inovadora e a transforma ao calor dos seus sentimentos, se apresenta, por vezes, capaz de repulsar deliberadamente ideias em sua essência, podendo resultar numa transformação irreal, inverídica e incompatível com o que é razoavelmente novo e bom.

As mudanças radicais quase sempre causam perturbação à ordem dos sentimentos e acirram o desequilíbrio das ideias contrárias, mas não há transformação sem o tempo, o que deve ser proporcional à paciência. Assim, precisa-se aprender a esperar, pois no mundo ninguém é senhor do tempo. Situações acaloradas que demandam pensamentos, palavras e atitudes intempestivas resultam quase na sua totalidade em consequências desagradáveis, muitas vezes desastrosas. Mas, calma! Nada está perdido, desde que aprendamos com a "escola dos erros", pois ela ensina muito, principalmente a não cometer os mesmos erros; portanto, cada vez mais ao "errar menos" também estaremos aprendendo a acertar.

A "escola dos erros" é comum a todos, e observamos que não existe um só povo que dela não seja assíduo; embora o ideal seja não errar, caso haja erros – e eles ocorrerão –, além de não repeti-los, o mais importante é procurar consertá-los, e não faltarão razões para isso. No entanto, se porventura você encontrar pessoas que "jamais erram", será porque certamente estão no planeta errado.

Devemos ainda compreender que nem sempre será possível corrigir algo, mas, quando for imprescindível fazê-lo, há que se imbuir de um sentimento de tamanha alegria, de dever cumprido, de que não somos melhores nem piores, saindo assim mais fortalecidos na luta contra o orgulho, pois é importante apaziguar a consciência e o coração. Nem sempre conseguiremos observar o mesmo sentimento nos outros, e isso é algo absolutamente compreensível e aceitável.

Não há como aprender a andar se não souber como se levantar, somente assim haveremos de nos erguer o quanto for necessário para seguirmos em frente, e, quando possível – e sempre haverá de existir essa possibilidade – ajude na caminhada dos outros e talvez ela se torne sua também.

A busca de todos deveria ser o tesouro que preenche a "economia da alma", o coração precisa bater tanto quanto precisamos senti-lo.

Opinião

Você nem sempre terá uma opinião formada, mas deve construí-la, pois, mesmo que não queira, ela estará lá e, por vezes, poderá melhorar aquilo em que se acredita; assim, respeite a opinião dos outros, e não perca de vista a essência daquilo em que crê. Lembre-se de que suas ideias precisarão ser boas o bastante para também servir aos outros, e não escolha a quem servir. Algumas pessoas tentarão fazê-lo acreditar que o "errado é certo", ou que é impossível, e você observará ainda que há aqueles que se dão o trabalho inútil de discutir o óbvio; não se deixe levar por essa armadilha da incoerência humana, pois o que é certo é certo, simples assim.

Preconceito

Respeite sempre e incansavelmente a individualidade alheia, assim como as suas escolhas, pois não há ninguém melhor no mundo; há, sim, aqueles que pensam e agem de forma diferente de nós; no entanto, dos outros não espere o mesmo entendimento, e seja sempre tolerante, porém não permita que invadam a sua individualidade. Você observará que algumas pessoas, nitidamente de caráter duvidoso, bem como carentes de virtudes e compreensão, buscarão se impor por forças "estranhas", mas não aceite nada por imposição; aja com paciência, afaste-se e siga o seu caminho. Não é necessário lutar uma "guerra" que inexiste; para campo de batalha, escolha o das ideias, inclusive respeitando os sentimentos contrários, e faça com que suas atitudes advenham da calma e da moderação, pois não há estado patológico na esfera psicoemotiva que o tempo não possa curar.

Bom-senso

Ainda que acredite nitidamente em algo, mesmo que esteja escrito e sacramentado como regra fundamental, jamais ignore o bom-senso, ouça a voz da consciência e guie-se pelo coração. Esse é o mapa para o bom tesouro; não permita que se burle a verdade; a ignorância busca diversos mecanismos nesse sentido. A verdade não se impõe, e, sim, ensina-se e aprende-se mais com base em boas atitudes do que com belas palavras; afinal, todos estamos em constante aprendizado, tanto com o sábio – com quem aprendemos diversas coisas – como com o "ignorante" – com quem aprendemos coisas diversas. Aprenda sempre, e, se algum dia achar que aprendeu tudo, significa que "da verdade nada sabe".

Vingança

é um tipo de sentimento que não precisa ser sentido, nada vale o malgrado sabor amargo que dela resulta, pois seus efeitos são sempre improporcionais e cruéis, e o primeiro atingido será sempre o cego por ela tomado, o qual sofre dupla agressão.

A raiva, o ódio, a mágoa ou o ressentimento estão na mesma ordem de sentimentos, são ideias na contramão da felicidade. Se deseja encontrar o bom caminho, trate de usar uma "bússola que não esteja quebrada", permaneça atento, pois no mundo encontrará "bússolas de diversas marcas e modelos". Embora a grande maioria não leve a lugar algum, outras conduzem o navegante ao abismo, a labirintos, por vezes a encruzilhadas com opções perigosas. Na vida, o primeiro passo rumo à boa caminhada deve ser dado por nós, jamais se deve esperar dos outros; isso começa no recolhimento íntimo para a reflexão que se obtém por meio da serenidade, da calma e, principalmente, do grande farol como guia do homem no mundo, a humildade, traduzida pelo perdão incondicional e pela paz de consciência, pautada na justiça realizada pelo erro corrigido. Não se esqueça de que nas relações humanas em que somente exista um vencedor, nas quais o sentimento de vitória é unilateral, pode não haver justiça, pois a felicidade precisa ser compartilhada.

Tempo

É preciso valorizar o tempo, pois poucas coisas são tão angustiantes quanto o sentimento de tempo perdido; no entanto, caso precise fazer algo, não se esqueça de que terá uma vida inteira para isso. O tempo, se devidamente valorizado e aproveitado, será um grande amigo seu, uma escola, um remédio, e lhe fornecerá "boa vista" para belos e seguros horizontes. Não há como analisar a vida e desprezar o tempo, pois estão ambos no mesmo contexto. Você encontra um grande número de pessoas queixando-se ora do tempo, ora da vida, e isso é um grave erro, pois devemos lhes dar o devido respeito e valor. Não raro, grande parte desses queixumes faz-se sob um céu de "maravilhas materiais" mergulhado num oceano materialista, verdadeiro cabedal capaz de escravizar o "mais sábio"; no entanto, isso jamais será o bastante para a conquista da felicidade, pois, quando muito, os elementos materiais proporcionam sorrisos amarelos que escondem muito mal um profundo sentimento de tristeza e vazio no coração; afinal, tempo que se perde é vida que se esvai. A vida é sempre abundante, insaciável, é a busca da maioria pela abundância material em detrimento das verdadeiras necessidades da alma. O tempo urge, a vida passa como num piscar de olhos, e o ser humano chega ao final da jornada como astuto e poderoso colecionador de maus sentimentos, e, pior, o faz também aos outros que por má ventura tenham cruzado seus caminhos. Esses valores e essa busca não são valores nem a busca de uma pessoa do bem; o alimento e a economia da vida para a alma devem ser outros. Precisamos nos nutrir de sabedoria. Observe o roteiro do mundo materialista e veja, você mesmo, como avançamos tecnologicamente, como encurtamos distâncias sem precedentes; a ciência prospera consideravelmente, crescemos muito nesse sentido, mas não tem sido o bastante; então, a que ponto chegamos? Infindáveis tragédias abatem-se sobre o mundo por vias do louco desejo pelo poder efêmero e transitório, a partir de talentos que deveriam ser usados na busca de soluções para a miséria, das desigualdades sociais, do equilíbrio das necessidades da dignidade humana. Infelizmente, porém, apenas o abastecimento da inteligência não basta, precisamos concentrar nossas energias em vencer a "ignorância". A realidade é que estamos carentes dos requisitos e, principalmente, das boas práticas morais, das forças que aquecem as fibras do coração; somos como "órfãos" da sabedoria dos grandes filósofos, com a diferença, porém, de que essa sabedoria permanece ao alcance de todos, mas poucos a buscam, e menos ainda são aqueles que lhe dão o devido emprego e valor. Outra questão importante é não confundir o moral com o pseudomoral. A pessoa "moralista" fala, mas não faz, dedica grande parte do tempo a iludir-se de sua falsa compreensão da realidade, uma espécie de pseudoteoria; é capaz de apontar os erros dos outros, de estabelecer ideias preconcebidas e escolhe quase sempre a imposição pela força. Se deseja melhorar alguém, opte por si mesmo.

Pessoa de bem e pessoa do bem

A pessoa de bem é limitada às regras da boa convivência, do cotidiano das sociedades; se é incapaz de fazer o mal, não significa que faria o bem em se apresentando ocasião para tal. A pessoa do bem, por outro lado, vai além, sua busca é ilimitada, consegue transpor todas as barreiras, permitindo-se guiar pela fraternidade; além disso, adota na consciência a única lei que possui como código, o "verdadeiro amor", pautado nas páginas da caridade. A pessoa do bem não vislumbra o mal, porque nele não opera ou simplesmente por não conseguir observar nos outros a existência dele, mas vê, em tudo e em todos, a grande oportunidade para colocar à prova sua maturidade espiritual e moral do manancial contido no tesouro dos bons sentimentos. Mais do que regras de boa conduta, encaminha a própria vida, sentindo no íntimo a responsabilidade de tornar melhor a vida dos outros, trabalhando por meio de reformas que julga serem cada vez mais necessárias em si mesma; acredita que o exemplo vale mais quando acompanhado de atitudes dignificantes, deixando para trás o egoísmo, o orgulho e a tola vaidade. A pessoa do bem constrói diariamente sua fortaleza, representada por um conjunto muito maior de regras, as quais são para ela totalmente invioláveis, aquelas que buscam a perfeição, burilando as próprias imperfeições, na batalha árdua para a eliminação das tendências responsáveis pela queda da alma.

Todos estamos fadados a nos tornarmos pessoas de bem, "obrigados" ou não pelas leis humanas que regem cada povo, lugar, tempo, segundo suas crenças, culturas e tradições; no entanto, para se transformar em pessoa do bem, será necessário ser sempre mais e melhor. A pessoa do bem não ama apenas porque é igualmente amada, como muitas vezes faz o homem de bem em razão daqueles que lhes são estimados, mas faz-se obediente por considerá-lo sublime à lei; afinal, o amor não deve ser moeda de troca, mas doação fraterna e incondicional, o amor precisa transcender a alma. A pessoa do bem não está no bem e nele não vive por acaso, tudo é consequência, resultado esse que, por meio de mérito pessoal, vem adquirindo. Dessa forma, a vida vem lhe ofertando labores cada vez mais leves, que, por sua vez, são assumidos com sensibilidade na condição de ser resignante, com a força capaz de deixar no passado a ignorância e buscar o que a levará adiante sempre, compreendendo que não existe um só ponto de chegada, mas que se trata de uma trajetória sem volta e sem parada.

Religião

Precisamos muito da religião. Essa pedra angular, capaz de viabilizar ao ser humano o bom roteiro, sozinha é insuficiente para a busca da felicidade, pois nada de bom acontece sem esforço, dedicação, estudo e boa prática. Observe e ouça atentamente as percepções e sensações da alma, trabalhe sua sensibilidade para o bom proveito, não se engane nem permita que façam isso com você, não seja cúmplice da mentira, guie-se pelas verdades contidas no Evangelho de Jesus, a verdadeira "receita de bolo" para a felicidade. Saiba, porém, que muitos "erram a mão" e terminam por experimentar um bolo amargo. E se algo estiver errado, não o encontraremos no corpo representativo do conceito de religião, mas nos desvios de finalidades e nas equivocadas interpretações do divino evangelho.

Nesse cenário, é preciso tomar as rédeas da própria vida, trabalhar o discernimento, não ser manipulador e não se deixar manipular. Muitas vezes, o silêncio nos mostra o caminho, então, compreenda os outros, mas não espere o mesmo e seja sempre caridoso numa palavra. Jamais se amesquinhe, fuja das contendas, não tome partido nem julgue; lembre e relembre sempre a tempo a essência contida nos ensinamentos do livro divino, e reflita principalmente sobre as próprias atitudes, compare-as; se concluir que estão diferentes, não demore a corrigi-las.

Se algum dia estiver numa posição de "mando", não se esqueça da primeira razão para isso, "os outros", pois sem eles não haveria a outra razão, ou seja, somente se dá ordens a quem exista para cumpri-las. Há o chefe de ofício e o outro que personifica a figura do respeito e da admiração. A admiração e o respeito são algo que se recebe, apenas acontece despretensiosamente com o tempo e a dedicação. No trabalho, qualquer que seja a hierarquia, não há o pior nem o melhor, e sim aqueles a quem deverá se dedicar por eles, e não somente pelo negócio. Assim, quando preciso for, ensine e talvez poderá aprender; proporcione oportunidades de melhorias e crescimento a todos, importe-se, não seduza, não ignore, não atropele, não burle, não busque os objetivos dos outros; afinal, ao ser voraz, somente sobrará a própria carne. Seja fiel e valorize aquilo em que acredita, seja firme.

Ninguém deveria subir de cima. A base não somente sustenta, mas lhe garante tranquilidade no momento da descida, o que é melhor que a queda. O crescimento não deve ser apenas hierárquico, e jamais cresça solitariamente, compartilhe.

Tanto no trabalho quanto na vida, não é necessário forçar um reconhecimento; se merecer, ele virá, e agindo assim haverá de se prevenir de enormes decepções. Não se queixe, seja honesto com o que escolheu fazer, pois todos ganham com a honestidade, e "não sonhe nas nuvens, mantenha-se em terra firme". Muitos tentarão encontrar em você um "ponto fraco"; portanto, seja forte, não permita que o fraco lhe aponte um ponto que inexiste. Eles quase sempre miram na vaidade, o caminho do meio entre o orgulho e o egoísmo.

Crítica

A crítica, em sua essência, apresenta caráter manipulador, depreciativo e destrutivo, podendo somente ser tomada para o sentido "construtivo" quando em primeira e segunda análises servir para empregar a si mesmo. Jamais se deve analisar as coisas do ponto de vista dos outros, simplesmente por ser impossível; não há como saber o que estão pensando ou sentindo, e, quando assim insistimos, esbarramos quase sempre nas vias da crueldade, conseguindo enxergar apenas aquilo que está perante nossa compreensão – isso, sim, é possível. No entanto, se deseja algo diferente, inicie por respeitar todos os pontos de vista; embora não precise concordar com todos eles, seja sempre da conciliação, do bom-senso, o que não quer dizer do senso comum; concentre-se nos fatos, dedique-se ao estudo aprofundado, proporcione serenidade às ideias e trabalhe a paciência. O verdadeiro sábio jamais sabe demais, é "sempre ignorante", sua busca é ilimitada, e principia pelo conhecimento do "eu interior", o que demanda uma vida inteira, às vezes mais. Não é possível compreender os outros sob o ponto de vista do próprio autoconhecimento; assim, permaneça atento ao egoísmo.

Simplificar

Procure adotar uma rotina de vida salutar. Para isso, simplifique ao máximo, tanto quanto possível, pois não se faz o impossível, e tudo dependerá, de fato, da importância e da sua vontade. Não deixe para depois o que é preciso realizar agora, pois uma boa teoria carece de uma boa prática; sendo assim, dialogue, proporcione bons exemplos; no entanto, não tenha pressa nem perca tempo, não seja oportunista, mas aproveite as boas oportunidades, aprenda a percebê-las. A ocasião nem sempre "grita"; a maioria demanda do universo da delicada, e não menos sutil, percepção, de modo que a falta de sensibilidade inutiliza o tato. É importante definir aquilo de que precisa, seja "sóbrio de caráter" nas suas escolhas, pois muitos, até mesmo "ilustres da intelectualidade humana", se permitem escravizar em razão das falsas necessidades, passando de senhores a servos da matéria enquanto esta apenas deveria servi-los.

Coragem

Jamais se assuste com as turbulências se as escolhas o conduzirem a infelizes consequências; por outro lado, anime-se, pois não há tempo para lamentos, "levante-se, limpe a poeira" e siga em frente, tudo é aprendizado. O sofrimento, quando muito grande, fortalece, servindo de experiência na construção da maturidade que haverá de lhe infundir coragem. Não busque o "poder inexistente" que preside na marcha dolorosa do mundo materialista, não queira ser grande aos "olhos deles", não espere o reconhecimento que "vem de baixo", não preencha sua vida de "nada e lodo", não busque sentir o que eles sentem ou o que pensam; no entanto, não os ignore. No mundo, perceba que esse poder já pertenceu a muitos, e sempre estará com o outro. O poder obedece à lei do tempo, o que é do mundo permanece nele.

Discernimento

Nem sempre será possível agir com discernimento no "calor dos sentimentos"; portanto, diante da necessidade de tomar alguma decisão, não se precipite, obtenha, quando possível, o máximo de três dias ou um mínimo de três horas, e dedique esse tempo precioso à serenidade; respire fundo, vá para outro ambiente, talvez um lugar razoavelmente distante, agradável, pense primeiro em Deus, que jamais nos desampara, lembre-se dos exemplos de Jesus, dos conselhos paternais, simplifique as ideias. Neste momento, veja que precisa de muito pouco, que viver será sempre o seu maior bem, que após este dia haverá outro, outras pessoas e outros lugares. Com o pensamento, podemos fazer e ser muito mais; jamais altere a voz, mantenha moderação e leveza nas atitudes, respire fundo, não há derrota em abaixar a cabeça, a "humilhação", mesmo que pública, não é o fim, e, se acompanhada da verdade de sentimento, poderá se tornar um grande recomeço. Assim, não se exalte, não há problema em se rebaixar, tudo passa, faça uma prece de agradecimento pela oportunidade da prova, ore por todos, e perdoe, simples assim. A vida segue seu curso em todas as ocasiões; não busque os extremos, não há "o fim da linha", pois a jornada jamais cessa, não existe descontinuidade para o espírito, atente-se a isto: "de lá viemos e para lá regressaremos", no mundo chegamos e dele partimos, a alma é eterna, o sofrimento não, mas tanto lá como aqui a dor haverá de lhe fazer companhia, pois ninguém dela escapa pelo golpe do desespero, quando muito piora a situação. Desse modo, se deseja vencer as vicissitudes, seja paciente e tolerante, perdoe, detenha a fé ardente e inabalável em Deus, estude, aprenda e "pratique Jesus", então "não haverá mais dor ou sofrimento".

Injustiça e vitimização

Não se sinta injustiçado, seja justo e busque a justiça, confie sempre na justiça da providência divina, e jamais desacredite da justiça dos homens. Não lance descrédito, não espere muito do mundo, e faça o seu melhor por ele, "prepare a terra para a colheita, o que plantar agora colherá depois", se não neste momento, com certeza em outro, "mas sempre neste mundo". Não deixe que as sementes sejam da discórdia, do orgulho ou do ódio, para assim, mais tarde, não se queixar de injustiça.

A vitimização é uma tendência muito frequente das pessoas. Sentem-se injustiçadas, julgam os outros e ainda tratam quase tudo do lado pessoal. Costumamos ver uma "tempestade onde não há ventos". Tudo tem explicação, o problema está em procurar a resposta do jeito e no lugar errados.

Respeito

Existem, basicamente, dois caminhos para quem almeja o respeito de alguém, sobretudo e em particular na educação dos pais para com os filhos, ou por meio do amor ou pelo temor. No segundo, o objetivo é atingido mais rapidamente, porém apresenta caráter frágil e transitório, pois seu resultado é proporcional à força exercida para sua conquista; à medida que o "fraco" se fortalece e o "forte" se enfraquece, raramente os papéis não se invertem, diferentemente daquele que surge pelo amor, no qual não há o emprego da "força", mas doação e reciprocidade de bons sentimentos, o que permanece para toda a vida.

Dinheiro

Ninguém deveria precisar "trabalhar por dinheiro", principalmente depender da aquisição dele para obter uma vida com o mínimo de dignidade, mas a criatura humana ainda necessita desse modelo de "recompensa e troca". No entanto, independentemente da atividade laboral, deve-se optar acima de tudo por ação solidária, e assim tudo mais deverá ser consequência natural. Trabalhamos por várias razões, e a ociosidade é um grave erro; o objeto principal do trabalho deve pautar-se no progresso e na melhoria da humanidade, o íntimo recebe a primeira transformação advinda do trabalho "edificante", que lhe precisa causar alegria, paz de consciência, integridade física, mental e equilíbrio emocional. O trabalho não deve transpor os limites sagrados do "lar", assim como não deve influenciar suas relações sociais e principalmente familiares; o trabalho que não obedece a esses requisitos será em algum momento um "motor gerador" de desarmonia e causa de desequilíbrios diversos e, muitas vezes, de difícil reparação.

Então, o dinheiro, o poder ou o status social jamais deverão sobrepor-se ao "bem-viver", pois a "boa vida engana e cega", e é um erro acreditar que se necessita de muito. Pensando assim, incorremos na loucura da busca desenfreada, querendo sempre mais, "melhor" e maior; "quando não desejamos ser o que os outros são", buscamos aquilo que não merecemos, e assim vivemos algo de que não precisamos, passando a acreditar que o conforto é diretamente proporcional à aquisição material, e se esquecendo inteiramente da grandeza representada pelo "ser". A vida lhe ofertará muitas coisas, e você precisará discernir aquilo que será verdadeiramente útil e necessário daquilo que porventura "talvez seja útil", mas desnecessário, e mais tarde inútil como consequência.

O forte e o fraco

Existem no mundo as "figuras do forte e do fraco", mas aprendi que o "primeiro é fraco e o segundo forte". O primeiro busca as coisas pela imposição da força, não mede esforços para alcançar os objetivos, mesmo que para isso precise agir com violência moral ou física, não se importando com os meios dos quais se valha para conseguir algo desde que se justifiquem nos resultados que almeja. Alguns sequer sentem remorso ou constrangimento com o fato de causar mal ao outro, desde que "esteja bem". Para esses, a vida se configura como um "oceano de si mesmo", e muitas vezes nem seu círculo doméstico escapa de suas investidas; o egoísmo os torna senhores do tempo, então se tornam escravos do orgulho, seduzidos pelas paixões materialistas, privando-se dos bons sentimentos e mantendo-se distantes das virtudes que personificam o "fraco", entre essas a humildade. O forte quase sempre revida e aguarda com "frieza" o tempo que julgar necessário, às vezes uma vida inteira na busca pelo "momento certo" para a vingança;

o perdão lhe é incompreensível, portanto impossível praticá-lo. Mas quem é forte e quem é fraco? Eu digo que todos possuímos um pouco dos dois, alguns mais, outros menos, mas o que importa é o esforço que devemos empregar incansavelmente para dominar a "fera" interior. Não raro os fortes vivem menos, quando muito vivem mal, sofrem de angústias, são pessoas ansiosas, impulsivas, repugnantes, seu organismo se torna verdadeira "bomba-relógio pronta a explodir", e quase sempre a sua melhor companhia é a solidão. Não se permitem sentir o bem e, ao passo que mergulham no mal, o raciocínio é ilógico e, por vezes, quase delirante, não havendo bom-senso ou ponderação. O fraco do mundo é o forte para Deus. Sejam fortes de boas ideias e firmes em devotadas atitudes; antes de tudo, deem o exemplo, e nem é preciso usar palavras, permitam ao ser pensante e equilibrado comandar suas consequências. A verdadeira coragem está naquele que possui a capacidade de perdoar o mal que lhe façam, que jamais revida, essa é a força que devemos buscar. Agindo assim, estaremos demonstrando humildade e mansuetude, sentimento de pacificação, conferindo-nos, portanto, superioridade moral.

Tolerância

Os outros necessitam de tolerância tanto quanto precisamos ser tolerados. Assim compreendemos a tolerância sempre de caráter solidário e fraterno, e, caso venhamos a agir ao contrário, será porque ainda não aprendemos a amar. A prática da tolerância deveria ser inata, pois dela todos somos carentes. No mundo ninguém é melhor ou pior, quando muito estamos em jornadas diferentes; a compreensão das coisas é desigual, a visão de mundo é diversa, escolhemos caminhos incomuns, o que muitas vezes nos dá a impressão de que estamos na "contramão"; mas não, a busca de todos haverá de ser sempre a felicidade. Existem duas formas bem distintas e distantes entre si que caracterizam a tolerância, ou seja, enquanto uma suporta, a outra é caridosa; enquanto uma ressente, a outra perdoa; enquanto uma afasta, a outra aproxima; enquanto uma adoece, a outra cura.

Vitória e derrota

Nem tudo se trata de "vencer ou perder", mas de superação, superar-se e superar; não estar à frente não significa ser perdedor ou vencedor, mas uma grande derrota certamente está na incompreensão de que todos estamos aqui para aprender, trabalhar e cooperar. Somente existe "vitória" quando a pauta é o bem; afinal, todos perdemos com o mal; a incapacidade de corrigir o erro ou perdoar há de configurar uma falta grave, a própria derrota. O vitorioso jamais deveria se sentir solitário, mas a derrota é quase sempre coletiva. No mundo, progredimos mais ou menos, há os que permanecem como estacionários ou retardatários, mas ainda assim o progresso sempre acontece para todos, "chega melhor quem chega bem".

Atividades

Não pratique atividades que atentem direta ou indiretamente para a integridade física ou mental, sua ou de alguém, seja no trabalho ou no esporte. Nada vale o risco e a consequência que o extremismo ou o radicalismo proporciona. Não é necessário se envolver em "disputas", o que é diferente de "concorrer"; não tome "partido", não se filie a espécie alguma de torcida organizada ou agremiação, não há vencedor quando alguém sai derrotado. Procure o caminho da conciliação e do consenso. Se deseja cooperar com algo, não será um documento de registro que fará o seu trabalho; apenas faça a sua parte, dê o seu melhor, posicione-se a favor da verdade, do correto, da respeitabilidade social, seja rigoroso e tenha bom-senso no cumprimento das leis e das regras que regem a sociedade. Conviva pacificamente com todos e será pacífico consigo mesmo.

Pressa

Jamais "necessite" fazer algo com pressa ou sob pressão, pois as consequências podem ser desastrosas. Assim, seja sempre calmo e paciente, não espere do tempo nada diferente de aliado. A pressa limita a capacidade de percepção do mundo a nossa volta, estreita os horizontes, e pessoas se tornam "invisíveis". Ignoramos fatos importantes, mas lembre-se de que "somente chega melhor quem chega bem", "se desejar ir a algum lugar ou se precisar fazer algo", vá e faça, mas antes de tudo não se esqueça de você e de que nada vale a sua paz interior. Não se esqueça também dos outros, saiba que o desejo por uma vida melhor é comum a todos; afinal, aquilo que "dói" em você também há de "doer" nos outros, assim, anime-se com a alegria alheia, e ela não será mais alheia.

Escolhas

O livre-arbítrio é um bem de valor inestimável; sem ele não haveria progresso, evoluímos porque nos proporciona aprendizado, experimentações no grande laboratório da vida e, como consequência, a maturidade que nos faz escolher cada vez melhor. A ilimitada capacidade para escolher nos acompanha, mas igualmente são as suas consequências; assim, o ideal é fazer as escolhas de acordo com nosso grau de discernimento; mas no mundo, na vida, não devemos ignorar os "limites". Não busque aquilo que claramente não lhe convém, pois a felicidade não está em "ter", mas em "ser"; inicie pela paciência e pela simplicidade para se possuir e sentir, seja você mesmo, pois, "quando com tudo, nada em quando".

Quanto mais analiso a causa da violência e de suas consequências mais fortalece em mim a certeza da necessidade do diálogo, da humildade e do perdão. Nada se resolve com violência; achar que não há mais diálogo significa ainda não ter ouvido o necessário. Ouça os outros; não é necessário concordar, mas compreenda, sem, no entanto, esquecer a própria voz interior, a "boa consciência". Ouça-a atentamente e ela certamente lhe dirá o que precisa, conecte-se aos bons sentimentos, permita ouvir alto aquilo que o coração tem a dizer, não se canse diante do enfrentamento ao seu único inimigo, o orgulho; ele não resiste à força que a luz proporciona por meio da humildade. Você encontrará pessoas cruéis, todas ignorantes, pois não há violência se houver sabedoria. Quanto mal já se causou à humanidade por falta de humildade, de bons sentimentos e caridade? Quantas vidas foram ceifadas prematuramente? Ainda assim, até mesmo o indivíduo violento sentirá a agonia, não importa se simples ou poderoso, será convidado a experimentá-la, porque a

Violência

crueldade somente escolhe a oportunidade, mas, se até mesmo o mais bruto deseja a paz, mesmo que rudimentar, o que lhe falta, então? Como disse, todas as pessoas são dotadas de "inteligência", mas poucas são as que detêm a sabedoria. Enquanto a ignorância associada ao materialismo entrava o progresso, a distância que nos impomos dela nos aproxima da felicidade. Evoluir é a lei; falamos aqui da evolução, sobretudo dos sentimentos, porque passamos uma vida inteira sem verdadeiramente saber "quem ou o que somos", pessoas ou "monstros", mas todos desejamos a felicidade, todos tememos o "inferno", embora a grande maioria viva como se se esforçasse pelo contrário, negando todos os dias a existência de Cristo e tudo o que Ele fez. Às vezes, penso como estaria o planeta se Deus não tivesse enviado Jesus, e se, mesmo depois de sua vinda ao mundo para nos ensinar a Boa-Nova, trazendo na bagagem o maior e mais completo dos sentimentos, o amor, depois de vencer a morte e de nos apresentar a eternidade da vida daquele ser missionário, irmão, conselheiro, médico, pacificador e sábio, ainda assim houve as "santas cruzadas", as fogueiras inquisitórias e duas grandes guerras mundiais. Enchemos a boca para falar dos avanços alcançados pela ciência, tecnologia, medicina etc., mas, aparentemente, continuamos miseráveis quanto aos tesouros do coração. Há muito foram esquecidas as virtudes, ninguém se lembra mais da boa filosofia, nem seus entusiastas, a religião se tornou tabu, o "amor" é tratado nas vias da erotização, o que era virtuoso agora sobra sensualização, o ser "semisselvagem" abocanha-lhe como se possível o caráter singelo e sublime, o indivíduo, cada vez mais corrompido, destrói o que resta dos sentimentos, a sociedade deseja a paz à sombra da guerra, todos desejam a felicidade, mas pouquíssimos são os que verdadeiramente a buscam. Cada vez mais temos nos distanciado desse "céu", os horizontes se tornam nebulosos, deprimentes e solitários, aprisionamos o bem enquanto libertamos o mal;

mas o que é o mal se não a consequência de nossas próprias escolhas, o mal não é do mundo, mas do "imundo".

Você nunca saberá tudo sobre os outros, pois é impossível saber de tudo verdadeiramente quando nem eles sabem. O mesmo ocorre com você, de modo que não poderia ser diferente com os outros. Não condicione sua felicidade a "passar a limpo" o passado de alguém ou mesmo o seu, todos possuímos "dois passados", aquele que recordamos e outro que desejamos esquecer. Procure enxergar o que há de melhor nas pessoas e em você, todos precisamos de outras chances, porque "somente está saudável aquele que esteve doente". Não citei, mas ainda existe um terceiro passado, que, ao contrário dos outros dois, espreita a alma, do qual emergem as causas dos seus infortúnios "sem aparente explicação"; e por mais que vasculhe o presente, não encontrará as respostas, é nesse momento em que por vezes nos sentimos injustiçados e revoltados, e procuramos os "culpados que inexistem", mas a causa está lá, enquanto aqui somente os efeitos, do presente apenas as consequências. É arriscado tomar uma decisão no presente sem antes consultar o passado.

Convivência

Humildade

Na vida é importante estar disponível para dar o primeiro passo, para a frente ou para trás; a vitória pode acontecer, seguindo ou recuando, desde que pelas motivações certas; a bússola será sempre o bem, a humildade é a lei. Uma derrota talvez seja uma vitória se ela lhe servir para amadurecer como pessoa, o que demanda discernimento, humildade e lucidez.

A maior conquista surge quando realizada na esfera íntima, na luta interior contra o mal em si mesmo, que deve se iniciar, admitindo a sua existência, e, posteriormente, trabalhando-se para sua transformação.

Se depois de todos os seus bons esforços, dos gestos de fraternidade e benevolência, ainda o injuriam e perseguem, abençoa-os em prece, pensamentos e sentimentos, pois o coração precisa estar leve. Assim, continue adiante, fiel a tudo em que acredita, na certeza de que a calma, a paciência e especialmente a humildade na hora de crise serão a nota de quitação.

Sentir-se humilhado não é o mesmo que ser humilhado, a diferença está no seu resultado; se a humilhação acontece e não há revolta, significa que existe humildade.

A humilhação talha o orgulho, o que enobrece a personalidade e eleva o caráter; não há como assumir-se humilde e ser orgulhoso, pois são forças antagônicas, e uma deve anular a outra. A primeira é a maior das virtudes, enquanto a segunda é precursora de todo o mal; sendo assim, combata o mal, seja humilde, previna-se do orgulho, seja feliz.

Em sociedade

Qualquer que seja a ordenação social em que você viva, saiba que todas deveriam passar pela manutenção do respeito à integridade física e moral. Você observará que tentarão lhe vender a imagem de "ideal absoluto", quase de perfeição, o que para este mundo ainda se apresenta impossível. No entanto, será necessário encarar com muita tranquilidade, confiar em seus ideais e adaptá-los na medida do possível a sua atual realidade; sirva ao bem geral, respeite as ideias contrárias, siga as regras e trabalhe pela construção da estabilidade comunitária; assim jamais se permita sofrer a cegueira da revolta, concentre suas forças mais íntimas sempre no caminho da pacificação, mas, antes de tudo, dê exemplo para que construa patrimônio e autoridade morais, o que lhe será muito útil no sentido de motivar positivamente os outros. Como corpo de sociedade não nos damos conta, mas somos interdependentes, o conjunto nos completa, "falta mais daquilo que sobra mais no outro", por isso a necessidade das relações sociais. Embora não percebamos, as diferenças nos aproximam.

Viver é fácil

Viver não é difícil, é fácil, o problema está em aprender a dominar os excessos, permanecer atento às distrações, conter os apetites vulgares e as necessidades estranhas. Por vezes, o próprio indivíduo busca a dor, principalmente quando se esquece das reais necessidades da alma. Busca preencher um vazio com obras materialistas, e se esquece do real alimento para o espírito. As tragédias abatem-se por escolhas equivocadas, "o que está ruim não precisa ser piorado". Aprendamos a valorizar aquilo que possuímos de melhor, a vida, a educar nossos sentimentos e nossas necessidades, a resistir incansavelmente às más inclinações, sobretudo de âmbito moral, melhorando, assim, o que há de bom. Agradeça a Deus a todo momento por tudo e por todos, pois nada nem ninguém vem e vai por mero acaso, somos todos fruto de uma sabedoria suprema, não há como admitir a ideia de criação acidentalmente. Somente conseguimos conceber a existência de uma inteligência a partir de outra ainda maior, e pensar o contrário é diminuir-se diante daquilo que representamos como seres humanos dotados de livre-arbítrio, intelecto, compreensão da própria individualidade e da existência dessa sabedoria suprema. Sob o ponto de vista materialista, no mundo encontramos poucos com muito e muitos com pouco, e, para ambas as partes, sobram queixumes de infelicidade. Não basta nascer em "berço de ouro", a busca se torna efêmera, e quem da vida somente conheceu as dificuldades materiais, muitas vezes, não valoriza o que possui por julgar nada possuir, surgindo, assim, a revolta. Eis que eclode o vale-tudo existencial, a ansiedade, a depressão e, em muitas situações, a loucura e o suicídio. Meu filho, cuidado com as armadilhas do materialismo; primeiro, ninguém vive mil anos; segundo, a moeda que neste momento está no seu bolso certamente antes percorreu outros milhares, pois o que recebemos aqui permanece aqui, "o que o planeta dá ele pega de volta", mas, muitas vezes, com juros e correção. Não se lastime, e, sim, agradeça e faça o seu melhor; não busque elogios, e em todas as suas decisões esteja quite com a sua consciência.

Ação

Pessoas lhe dirão o que deve ou não fazer; assim, ouça os dois lados, apenas isso, e faça aquilo que se preparou para fazer, simplesmente dando o melhor de si, e já será o suficiente. Para a grande busca existem dois obstáculos, a má vontade e a inércia. Seja sempre útil, faça não menos que o melhor, e, se precisar competir com alguém, escolha você. Procure ser mais daquilo que lhe conforte o coração; para bons conselhos, atente-se à consciência, que a sua alma sinta estar fazendo o que é justo e bom para si e igualmente aos outros. Uma missão somente será considerada boa se a sensação daquilo que está fazendo também for boa para todos; porém, não é no tamanho da tarefa que consiste sua grandiosidade ou importância, mas no seu resultado. Imagine-se em meio a uma multidão da qual foi capaz de diminuir um único sofrimento, ou diante de um rio de lágrimas de onde conseguiu enxugar uma única gota. Assim, importa que tenha agido com honestidade de sentimentos e respeito à dor alheia, pois o resultado precisa ser a paz de espírito.

Na vida passamos por dificuldades, momentos de tristeza, ingratidão e desilusões, na família, no trabalho ou em sociedade; a dor nos espreita e, vez por outra, abala nossos sentimentos. Isso tudo é comum para a imensa maioria, mas a diferença está naqueles que conseguirão enfrentar a realidade. Por isso, meu filho, precisamos aprender a lidar com esta realidade, pois no mundo não há quem não sofra ou não sinta dor; ou seja, vez por outra ela nos alcançará, e, após essa compreensão, precisaremos agir com foco na prevenção, o que deverá passar, sobretudo, pela educação dos sentimentos, aprendendo a se conhecer, a se amar e a se respeitar. Temos construído cada vez mais um mundo de natureza ilusória, onde, na maioria das vezes, mergulhamos de cabeça, conscientes, mas principalmente inconscientes, ou seja, nem percebemos e já estamos até o pescoço em situações constrangedoras e traumáticas conduzidas pelo fenômeno psicossocial representado por desequilíbrios emocionais de toda ordem, com o agravante do advento tecnológico das redes e mídias sociais, pois o que deveria ser bom, na verdade, tem causado um sofrimento coletivo profundamente preocupante. Precisamos compreender, a partir desse caldeirão de sentimentos, as ideias de "ser ou estar" feliz, e o quanto isso tem influenciado nas decisões que impactam diretamente nossa vida. Afirmo que a felicidade é opcional, isto é, serei feliz quando assim escolher, e assevero que devemos optar pelo ser, que é duradouro, ao contrário do estar, que é momentâneo. Entenda que, se a dor é inerente ao ser humano, então, no mínimo, já deveríamos aprender a estabelecer com ela uma relação harmoniosa, estudar e aprofundar para compreendê-la melhor, pois a grande verdade está em vencer os seus efeitos, o choque que causa sobretudo no campo emocional. Não permita que as consequências se tornem negativas, não precisa ser assim, pois, mesmo ao doer, se escolher poderá sorrir, permita que o sofrimento passe, enfrente-o com paciência, calma e resignação; diante das ofensas não se sinta ofendido; diante do ingrato não sinta ingratidão; diante das desilusões não se sinta desiludido; diante da humilhação não se sinta humilhado; perante a violência perdoe, e jamais cultive a mágoa, o ressentimento ou a vingança. Seja manso e pacificador, sua arma deve estar munida do diálogo respeitoso e algumas vezes silencioso; não é necessário sempre dizer a última palavra, basta falar aos outros aquilo que você também precisa ouvir.

A vida é feliz o tempo todo, nós não; desejam-na, mas trabalham em direção oposta; muitos, sem perceber, escolhem pelos próprios meios não estar a maior parte do tempo, outros tantos também a buscam, e, quando lá chegam, a desconstroem, e o que é mais triste é que fazem isso na certeza de que é o certo a fazer.

Ambiente emocional

Não precisa ser exigente consigo ou com os outros; se puder, ensine como realizar aquilo que deseja, fale principalmente sobre as regras da disciplina – com sorte também estará aprendendo. Antes de tudo, dê o exemplo, cabe a você proporcionar a compreensão sobre a importância do aprimoramento continuado, e ambos terão de construir diariamente um "ambiente físico agradável e emocional saudável", pois o primeiro permitirá satisfazer principalmente os sentidos. Assim, faça o melhor que puder, não necessariamente precisará de muito, mas do necessário, pois o foco não está na quantidade ou no tamanho, mas na qualidade. Já o segundo, ou seja, o ambiente emocional, será sempre o diferencial. A alegria contagia a todos, inclusive os visitantes, não há quem não se sinta bem num ambiente cordial, gentil, respeitoso e feliz.

Trabalho, saúde e vida

É necessário construir o entendimento entre trabalho e vida, pois a sua saúde precisará estar sempre em situação de destaque, assim como sua integridade física e mental e sua alma deverão estar em equilíbrio. Seus sentimentos, sua filosofia e espiritualidade também devem estar em harmonia; assim, importa separar o que "faz" daquilo que representa a sua vida, ou seja, o "ser" deverá se sobrepor. Não ignore esta dica: seu trabalho e os bens materiais não são a sua vida, não se apegue ao dinheiro e à posição social, pois essas coisas haverão de surgir em sua vida como consequência natural do trabalho. No entanto, somente isso será insuficiente para torná-lo feliz, basta observar quantos são infelizes mesmo de posse do poder e dos tesouros que o mundo oferece. Outra observação que faço está no fato de que dificilmente você se sentirá feliz se não puder fazer feliz quem ama. Então, não tarde a atingir esse objetivo, que seja assim. Em resumo, sua vida será representada pelo conjunto de forças imateriais capazes de fazê-lo feliz. Trabalhe os bons sentimentos, não ignore as forças da alma e permita-se ser conduzido pelo coração, pois, agindo assim, não será fraco, mas grande, não será poderoso, mas indestrutível.

Para ocupação laboral, construa alternativas; o ideal é possuir os planos A, B e C, pois a habilidade para se controlar o presente é bem mais eficiente. O que fizer ou deixar de fazer agora há de repercutir depois; para o futuro, deverá sobrar precaução e planejamento, assim estará evitando situações desfavoráveis que certamente surgirão. Não se valha do sacrifício alheio para atingir metas e objetivos que somente a você beneficiam, e não realize nenhuma negociata que precise incluir sua alma; afinal, nada vale mais que a tranquilidade de consciência e a paz; jamais disponha à mesa sua reputação, integridade moral e respeito aos valores éticos.

A difícil tarefa de agradar

Procure fazer sempre o seu melhor naquilo que escolher, mas não se iluda achando que poderá agradar a todos, pois, quando muito, agradará a poucos, e na maioria das vezes NEM saberá que agradou. Não busque reconhecimento, faça o que sente que nasceu para fazer; desse modo, tanto você quanto os outros deverão se sentir bem todos os dias com aquilo que fazem de melhor. Esse pode ser o termômetro para o seu esforço e dedicação.

Como disse antes, meu filho, não espere reconhecimento, o que lhe ocasionaria desperdício de energia e tempo. Agindo assim, poderá evitar frustrações futuras; o objetivo não deveria ser o de agradar especificamente a alguém, mas ser quem você é para com todos. Antes de tudo, seja honesto consigo mesmo, e assim dificilmente não o será para com os outros.

Injustiça e ingratidão andam juntas

Observamos que muitas pessoas se sentem injustiçadas; a maioria se queixa de quase tudo e de todos; insaciáveis, desejam sempre mais, e, quando pouco, também aquilo que não lhes pertence. Revoltam-se e julgam os outros, mas jamais se julgam, e não raro se apresentam como vítimas, o que, na verdade, são de si mesmas. Ignoram, por opção, o real significado da gratidão, e onde caberia discernimento sobra desrespeito. Examine tudo sempre com muita calma, paciência e equilíbrio emocional; construa uma saída inteligente e respeitosa para as dificuldades. Meu filho, observe cuidadosamente que grande parte dos problemas é criada por nossa própria iniciativa, enxergando, construindo e projetando situações irreais que comumente resultam em sofrimento ou em acontecimentos, no mínimo, embaraçosos. Mantenha os "pés firmes no chão", não confunda sonhos com delírios. Algumas pessoas, mesmo com os olhos abertos, não enxergam e criam a própria verdade; cuidado, ela poderá ter interpretações variadas, o que dependerá de quem a interpreta. Em todas, porém, a essência deverá ser a mesma, haverá quem não a compreenda e outros que a tentarão burlar em benefício próprio; portanto esteja atento e não se deixe seguir por esse caminho, pois, embora existam vários pontos de vista, a verdade sempre será verdade; busque-a.

O mal

O mal no mundo não é dele, mas nele está, vive das escolhas infelizes de seus ocupantes, existe, como consequência, pela mesma razão que nos atrasa o bem, advindo da ignorância. À medida que progredimos, sobretudo quando passamos a combater intimamente o mal moral, melhoramos. Assim, não examine os outros, mas a si mesmo, busque a transformação do "ser", afinal ninguém nasce pronto, "estamos e somos" por alguma razão sempre maior, porque importa tudo aquilo que fazemos, pensamos e sentimos. Não tarde em combater o bom combate, e interiormente encontrará diversas batalhas a serem vencidas. Filho, observe quem você foi e o que fez, quem você é agora e o que faz, e quem pretende ser e fazer. Precisará examinar com humildade. Então, derrote a arrogância, aniquile o egoísmo e asfixie o orgulho, afinal "não devemos encarar a vida como um passeio ou uma grande festa", mas aproveitá-la com responsabilidade, respeito e amor a Deus por essa importante oportunidade; saiba que a felicidade nos aguarda logo ali.

Prevenção

Habituamo-nos a agir remediando o mal, enquanto deveríamos trabalhar incansavelmente para evitá-lo. Digo que muito sofrimento pelo qual tantos passam apenas poderia ser evitado com prevenção. Afirmo que grande parte da problemática que assola o mundo, das dificuldades vividas pela maioria e das dores que maltratam os corações não precisaria acontecer, ou que talvez a escala de intensidade para esses acontecimentos deveria ser bem mais amena ou bem menos dramática, pois conhecemos as causas dos males, sabemos como remediá-los, então por que não os prevenir? Conduzimos a vida ignorando-a, escolhemos inconscientemente "não pensar" e, portanto, "não agir". Sem dúvida somos sacudidos por circunstâncias diversas, mas devemos e podemos nos preparar para o que há de vir. Realizar uma grande viagem sem planejamento é ignorar as consequências, encarando todas as situações que haverão de surgir, muitas delas dolorosas, "aos trancos e barrancos" é um grave erro; nenhuma reação precisa ser inoportuna; portanto, é preciso preparação, traçar "estratégias de enfrentamento", posicionar-se sempre à frente dos fatos, permanecer atento, pois "nada acontece do nada". Digamos que, para alguém se dirigir ao local de trabalho, onde naturalmente deverá seguir regras de horário e tudo mais, necessitará percorrer um longo trajeto, que será feito de automóvel, e muito provavelmente precisará fazê-lo por muitos anos, num trânsito quase sempre caótico, inclusive enfrentando problemas de infraestrutura, por onde muitos cruzarão o seu caminho, pessoas que você desconhece e estão em diversos níveis de discernimento, equilíbrio mental, físico e emocional; há ainda as questões meteorológicas; devemos contar ainda que o automóvel poderá enguiçar, e então será necessário outro meio que o conduza. Quando lá estiver, porém, certamente encontrará outras inúmeras situações, e ainda haverá todo o trajeto de volta e o lar. Pense que tudo isso lhe trará consequências, boas ou ruins; portanto, não tratamos aqui apenas de "um dia", mas daquilo que certamente repercutirá pela vida inteira. Sendo assim, observe a importância de construir estratégias e atuar sempre na prevenção, visando sempre evitar circunstâncias desnecessárias. Todo dia pode e deve ser um dia de paz, mas para isso você precisará construir a paz diariamente; aquilo que inicia na consciência e no coração refletirá no ambiente a sua volta, não importa onde esteja; a paz resulta de esforço individual com proporções coletivas. Na vida, todos buscamos a paz, pois sem ela não há busca, nem "vida", por essa razão, em todos os lugares, a todo momento e independentemente da companhia, devemos trabalhar pela sua manutenção, o que demanda vigilância e dedicação constantes. Meu filho, antes de qualquer coisa, desenvolva uma rotina cotidiana para reflexões íntimas, inicie por uma prece, converse com Deus, seja grato a Ele por tudo e todos, mas principalmente pela oportunidade da vida; estabeleça com Ele uma relação respeitosa e harmônica, "ouça-lhe a voz e observe os sinais", e não se esqueça de que somente se colhem bons frutos em boa árvore. Jamais traga problemas para o "céu do lar", pois eles jamais acabam, e não será contaminando seu refúgio doméstico que você conseguirá resolvê-los. No lar, no trabalho e fora deles, procure construir relações de convívio pautadas no respeito, na solidariedade, na compreensão e na calma. Reserve um carinho todo especial para a família; no que diz respeito aos filhos e à esposa, neles cative, com paciência e amor, seus mesmos propósitos de vida. Confie nas suas boas atitudes, elas falarão por si, e aprecie o tempo, as regras que por meio da sua maturidade instituir no seu lar, também devem ser obedecidas disciplinadamente; jamais se esqueça do bom-senso e não discuta o óbvio; o que se conquista com a imposição da força nos afasta da paz e da felicidade, e o lar precisa ser o ambiente capaz de fortalecê-lo; portanto, construa-o. Prepare-se para o bom enfrentamento; na "rua" encontrará leis variadas, além de infindáveis e confusas sentenças, pois cada qual faz a sua, como se fosse possível "o ser humano sobreviver numa terra de ninguém, alguns aparentam se alimentar do caos", porém você precisará obedecer às regras sociais e institucionais. Digo que são mais importantes que insuficientes, criadas por muitos, criaturas humanas que são, a partir, é claro, de suas virtudes, mas também das falhas de caráter, mas, acima de tudo, não me canso de repetir, seja obediente às leis contidas no Evangelho de Jesus, o guia máximo e modelo exemplar para toda a humanidade. Ao se preparar antecipadamente para tudo quanto haverá de vivenciar durante um dia inteiro, evitará frustrações e, por consequência, desânimo, correndo o risco de repercuti-los para os outros dias. Se as coisas estão difíceis em casa, facilite-as; se o caminho até o trabalho está complicado, descomplique-o; se outro trajeto não resolver o problema, adapte-se; se no trabalho não o compreendem, compreenda-os. Não há saída honrosa na fuga, não dá para viver fugindo; assim, busque na sabedoria e nas virtudes o seu repouso. "A convivência com pessoas de temperamento difícil carece da companhia caridosa e humilde de pessoas com temperamento fácil". Desse modo, escolha o seu perfil, mas saiba que o primeiro sofre em demasia, enquanto o outro nada sofre; para este último sobra ânimo, e a vida há de conspirar em seu benefício.

A vida é representada pelo conjunto de experiências que proporcionam maturidade, e toda essa bagagem deverá lhe conferir sabedoria, que deve ser aprimorada a cada instante. Todas as situações que vivemos são importantes, ainda que dolorosas, e, mesmo se pudesse, não deveria ignorá-las, pois somente se vence a dor a partir da dor, ou seja, valorizamos a calmaria quando passamos pela tempestade, a luz quando da escuridão, e assim trabalhamos para que os bons momentos sejam duradouros. Não representamos o nosso passado, porque, mesmo sem perceber, estaremos sempre melhores a cada dia; aprendemos, ganhamos discernimento e coragem na busca para viver o presente com que sonhamos, e quanto ao futuro, filho, está acontecendo o tempo todo, inclusive agora; não perca tempo, essa sensação é angustiosa. Os acontecimentos do passado precisarão servir para lhe assegurar transformação consistente, perceptível e sentida por todos. No entanto, "o que aconteceu no passado permanece nele", principalmente

Passado e presente

os erros, dos quais podemos retirar o aprendizado visando a evolução como pessoa, a iniciar pelo perdão e pela humildade. Suas atitudes, mais do que as palavras, deverão evidenciar o aperfeiçoamento de seu caráter. Se precisar mudar de lugar, de amigos, de trabalho, não descanse enquanto não concretizar o objetivo; dedique-se, pois às vezes precisamos respirar outros ares, apreciar outras paisagens, "desconstruir para construir", mudar os hábitos e as atitudes, renovar as esperanças; podemos fazer coisas novas, devemos aperfeiçoar o caráter, tudo conta, precisamos daquilo que nos traga paz, não nos abandone, porque não há como esquecer, e, quando recordar, que seja para fortalecer, realmente talvez existam coisas que precisem permanecer no passado bem distante, inclusive quanto aos sentimentos, mas outras chances certamente virão, e o coração precisará guardar todos os bons tesouros para a grande viagem que jamais cessa. Boa viagem.

Gratidão e conivência

Gratidão é uma das grandes virtudes, caracterizada pela capacidade de reconhecimento por algo recebido, e é louvável a atitude de se retribuir um benefício obtido; ao contrário da vingança, que é o desejo de "retribuir" com ódio; na primeira, a motivação está geralmente no que é "bom"; na segunda, no mal. Desse modo, permaneça atento à inversão de valores, tanto quanto possível, pois também há a "gratidão" pelo mal realizado, em detrimento e muitas vezes com repercussões dolorosas a terceiros; nessa situação, a dívida será sempre maldita, pois, quando surge a conivência de ambas as partes, tornam-se cúmplices de ato ilegal. Cuidado, jamais siga por esse caminho, pois as consequências haverão de ser aflitivas, desagradáveis e até mesmo desastrosas.

A gratidão verdadeira é despretensiosa, assim como deve ser o ato do benfeitor.

Arrogância

Permaneça atento à cegueira causada pela arrogância, pois, como consequência e sem perceber, pode-se passar longo tempo causando dor aos outros e acumulando desafetos, afastando pessoas queridas e, por vezes, aproximando-nos de oportunistas e aproveitadores, porque ninguém escapa da lei do retorno. Lembre-se desta dica muito importante: As pessoas não são coisas ou objetos, portanto, não devem ser tratadas como tal, não são descartáveis, respeite-as, são falíveis. No mundo não há heróis, mas sobreviventes cujo maior desafio está em domar-se, sobretudo as más tendências morais, em vencer os maus sentimentos; não seja obstáculo ao crescimento de ninguém, se puder as impulsione adiante, não queira na alma sentir o peso da responsabilidade pela queda de alguém. Se não estiver em situação para ajudar, pelo menos não atrapalhe; afinal, as coisas passam, mas as pessoas não. Para legado, prefira o respeito, a solidariedade e a gentileza. Com o tempo, o caminho escolhido pelo indivíduo arrogante tende ao desmoronamento social, econômico e afetivo, a sensação de estar só mesmo acompanhado causa uma verdadeira angústia, o "respeito e a amizade" compradas deterioram-se, permanecendo, quando muito, a falsidade.

Estresse

"Não existe situação estressante, o que há são pessoas estressadas". Desse modo, o mesmo problema é encarado de formas diversas, alguns não encontram forças para suportar o enfrentamento do dia a dia sem que precisem se desequilibrar e ofender, enquanto outros simplesmente agem com naturalidade diante das lutas diárias, não vendo mais que obstáculos a serem superados com coragem, boa vontade e paciência. Para outros, porém, sobram intemperança, perturbação e insensatez, são tomados por decisões precipitadas, causando humilhação, mágoa e consequente revolta a muitos como resultado do seu temperamento explosivo. Geralmente são pessoas infelizes, com tendência a síndromes de ansiedade, de pouca ou nenhuma educação e espiritualidade, adeptas consciente ou inconscientemente do materialismo; sofrem todos, a família, no trabalho e fora deles, e ele próprio é o primeiro e maior prejudicado, pois, ao mesmo tempo que se torna incapaz de perceber o complexo enfermiço físico e psíquico no qual se encontra mergulhado, a vida é conduzida sem tranquilidade, não há paz de espírito, desenvolve-se dependência ao entorpecimento de formas variadas, seja por "drogas lícitas ou ilícitas". Nesse momento, a sensação de vazio na alma e a solidão apresentam-se quase sempre como companheiras inseparáveis, e por muito tempo aquilo que poderia estar repleto de conquistas pautadas e compartilhadas na alegria resulta em sofrimento geral. O lado bom é que há solução, mas será necessário iniciar pela compreensão da necessidade de buscar ajuda, agindo sobretudo na prevenção, assim, poderá evitar a cronificação e, desse modo, o risco de sequelas graves, principalmente no campo psíquico-emotivo. Para isso, precisará prevenir a formação da "tempestade emocional perfeita". Some-se a isso alguns fatores perturbadores da paz interior ao temperamento explosivo e terá um verdadeiro furacão capaz de levar a consequências devastadoras, das quais poderá se arrepender por toda vida.

A solução não surge do nada, o nada não existe. A criação se inicia a partir de uma boa ideia, de pensamento e sentimento saudável. É preciso construir para usufruir, e somente depois merecer.

O espelho

Será preciso dispor de oportunidade, tranquilidade e verdade para ser capaz de encarar-se diante do espelho, e, mais do que coragem, com o objetivo de obter êxito na tarefa proposta, permanecer atento para não faltar com humildade e honestidade, atributos que haverão de conferir a capacidade de fitar o próprio reflexo, olhar nos olhos, enxergar diante de si um ser real, mais do que mera imagem produzida para agradar ao ego e ao orgulho. Durante esse momento, não baixe a cabeça ou desvie o olhar, seja firme, "olhos nos olhos". Se estiver verdadeiramente de consciência tranquila, nada disso lhe será difícil, mas saiba que todo cuidado é pouco para não correr o risco de "transformar-se em pedra" no final. Saiba que muitos são incapazes de fazer um gesto aparentemente tão simples; devido a um medo inconsciente, receiam ver aquilo que temem ou que no mínimo pudesse causar vergonha a si mesmo; sentem-se constrangidos, e evitam o autoenfrentamento. Pessoas que passam por toda uma vida e não se conhecem, quando muito possuem uma vaga ideia daquilo que acreditam ser; não raro, apresentam-se como astutos sabedores da vida dos outros, e os julgam, mas jamais se julgam. Não seja como aqueles que se utilizam de belas palavras, conceitos e filosofias, mas sem valor real para suas vidas.

Vícios

Permaneça atento, não se deixe, e não permita a ninguém enganá-lo. Não há vício aceitável, "coloque um dedo, e lhe arrastará a alma"; a porta de entrada é extremamente larga e sedutora, enquanto a de saída está quase sempre fechada, quando muito se apresenta extremamente estreita e dolorosa. Toda atitude viciosa, moral ou não, haverá de causar sofrimento a você e a outros, e raramente esse tipo de tormento é solitário, pois muitos sofrem, principalmente a família, o que passa a destruir os sonhos, e com eles a esperança mata a razão, os sentimentos de humanidade mergulham num pesadelo profundo e duradouro. Portanto, filho, mantenha-se sempre sóbrio; enquanto os outros se anestesiam e adormecem, permaneça em estado de vigília e lucidez indispensáveis para uma vida correta.

Esforce-se por dominar os apetites, os excessos e os loucos prazeres, que são capazes de causar entorpecimento à mente ao mesmo tempo que consomem as energias necessárias à promoção daquilo que é vital; portanto, "não culpe a carne pelo que responde a alma".

Oportunidade

Na vida nos acostumamos a nos queixar da falta de oportunidade, e então buscamos abrir portas que deveriam permanecer fechadas, e outras tantas que, por insensatez, revolta e precipitação, fechamos. Há ainda aquela porta que demandará coragem para fechá-la, mas, cuidado, pois nem toda porta deverá ser aberta, já que algumas levam a surpresas desagradáveis, e outras serão responsáveis por muito sofrimento. No entanto, ainda que poucas, haverá aquelas que se abrirão e que o farão feliz; às vezes, permanecem por muito tempo abertas e depois se fecham, deixando boas recordações reconfortantes, mas todas apresentam algo em comum, isto é, tudo aquilo que encontrar ao abri-las será capaz de proporcionar-lhe experiência e, consequentemente, maturidade. Dessa forma, se não puder evitá-las, pelo menos não perca as oportunidades de aprender, seja na dor ou na alegria; somente aprenda, depois cresça e melhore, e talvez um dia se torne habilitado a abri-las para alguém.

A oportunidade surge a todo momento, então aprenda a reconhecê-la, bem como o momento e sua razão; não a confunda com oportunismo, pois é um grave erro, aproveite-a, opte sempre pela ética e pelo respeito. Ela deverá servir para aprender, colaborar e ensinar. Compreenda, ainda, que dificilmente haverá oportunidade real se os benefícios não puderem ser compartilhados.

Caridade

Não há caridade sem humildade, virtude que capacita seu pleno exercício e conduz, portanto, ao sentimento máximo por excelência, o amor, que é o princípio de tudo na vida, mas também o objetivo pelo qual todos buscamos inconscientemente a felicidade e a Deus. Não há amor onde impera o ódio, o orgulho e o desejo de vingança, pois o amor é sempre solidário e fraterno, releva as ofensas e "salda as dívidas", estende a mão, jamais maltrata a suscetibilidade do outro, pois caridade não combina com humilhação. Em todas as ocasiões seja caridoso, não perca as oportunidades.

Família

Saiba que poucas coisas na vida são tão importantes quanto a família. Então jamais a subestime; distinga-se por possuir a capacidade de surpreender, sobretudo quando se trata daqueles a quem amamos. Todos têm o seu jeito de amar, cada qual aprende e ama como escolhe, pois o amor é mais aprendido do que ensinado, e várias são as suas facetas. Às vezes, passamos uma vida falando aos outros como ele funciona, e, muito embora nos esforcemos, acredito que ainda somos incapazes de defini-lo por completo; não nos damos conta do seu pluralismo, podemos encontrá-lo em tudo, a todo momento a "mágica" acontece, traduzindo-se por uma infinidade de sentimentos, e mesmo o mais bruto, se quiser, pode amar, e sem perceber o fará em algum momento, ou já o fez. O amor é liberto e libertário, não há nada que nos prive desse direito; afinal, ele é tão fundamental quanto respirar, é nele que repousam as bases para a vida, de modo que não há vida sem amor, mas atente-se a um detalhe muito importante, não há amor verdadeiro sem perdão. Filho, às vezes surgem situações "inesperadas", e eis que a dor nos machuca a alma, e o amor haverá de funcionar sempre como o remédio, a cura. Por isso insisto, sem perdão não há alegria, apenas trevas; o dia, por mais radiante e belo, para o indivíduo ressentido, orgulhoso e vingativo sempre se apresentará acinzentado, nebuloso e sufocante; portanto, e sem demora, respire fundo, eleve os pensamentos, recomece a jornada, não importa onde esteja nem o que fez, porque agora está no seu melhor. Você já experimentou e aprendeu o que deverá ser melhorado sempre, é assim que funciona; às vezes erramos, outras acertamos, contudo aprendemos o tempo todo; assim, concentre-se naquilo que tem por fazer. Quando o assunto são problemas e dificuldades, não há o "fundo do poço", isso não existe; para vencer as batalhas o primeiro passo é a humildade, o segundo está em estabelecer um diálogo honesto e respeitoso com Deus, e o terceiro e grande passo está em não O ignorar, mas ouvi-Lo e obedecê-Lo. Nunca estamos desamparados, jamais estamos sozinhos, Deus é a essência e a companhia, a solução está na boa vontade e nas melhores escolhas. Com sabedoria, o livre-arbítrio o fará feliz.

> "Na verdade, na verdade te digo que nós dizemos o que sabemos, e testificamos o que vimos."
>
> João 3:11

FONTE: Stone Serif

Talentos da Literatura Brasileira nas redes